小学校英語の発音と指導

カルタ付き

iPadアプリ
「白柴さくらの えいごカルタ」
読本

中村良夫
高橋邦年
Alexander McAulay
桑本裕二

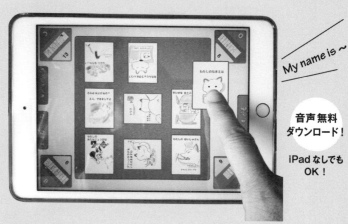

My name is ~

音声無料 ダウンロード！

iPad なしでも OK！

開拓社

はじめに

小さな小さな本ができました。でも中身はギュッと凝縮されて大事なことがたくさん詰まっています。

　私たちは、小学校の外国語活動のためのiPadアプリケーション（無料）として『白柴さくらのえいごカルタ』（以下『えいごカルタ』）を公開しています。通常のiPadアプリケーションと同じようにApp Storeからダウンロードしてください。紙のカルタを自作したい場合には、『えいごカルタ』の絵をhttp://sakurakaruta.comで見ることができます。このアプリについては、本書の「あとがきにかえて」に簡単な紹介を入れておりますが、小学校で外国語活動にたずさわる指導者の方々が何の準備もなく小学校英語の活動の中で利用できるように心がけて作りました。もちろん、保護者の皆様がお子様たちと家庭で楽しむこともできます。

　『えいごカルタ』には55枚のカルタがありますが、そこには文部科学省が提供している『Hi, friends! 1』および『Hi, friends! 2』の見出しなどにある主要な表現を取り入れました。本書では、この55の表現について発音に関わるポイントや注意すべきことがらを解説しています。もち

ろん音声を聞くためのCDはいろいろなものが入手できますし、小学校では外国語指導助手（Assistant Language Teacher, ALT）としてネイティブ・スピーカーが授業の補助を行うことも多くなっています。しかしながら、CDの音声を真似しなさいといっても、英語には日本語話者にとって発音が簡単ではない音がありますし、ALTの発音がCDの音声と100％同じということもありえません。やはり、英語として通じる音を発音できるようになるためのポイントがどこにあるのかを指導者が理解しておかないと、児童がうまく発音できないときに指導のしようがありません。また、普段は日本語で児童と話している先生（あるいはおうちの人）が、日本語にない音で発音している様子を見せることも重要だと私たちは考えます。そこで、本書には日本語の話者が英語らしい発音をするために理解しておくべきポイントをひととおり盛り込みました。さらに、それらの英語表現にかかわる注意すべきことがらや、外国語活動を行う上でのヒントになるアイディアなども盛り込みました。小学校での外国語活動は担任の先生が担当することが多いでしょうが、忙しい先生方に効率よく必要事項を理解していただけるよう工夫してあります。

　なぜカルタなのかという点もお話ししておきましょう。たとえば "What's this?" "It's a pencil." という例文は「現実離れした無味乾燥な例文」としてやり玉にあげられる典

型の一つです。では、1章 p. 24（左上）にあるこの例文の次ページにあるカルタの絵（p. 25）を見てください。ユーモラスな白柴さん（著者の一人が飼っている犬がモデルです）の様子を見ると、ついニッコリしてしまいませんか？このように犬を登場させることで、面白いストーリーを楽しみながら文脈と英語表現をリンクして記憶に定着させやすくなります。また、カルタの絵はいかにも素人細工でお恥ずかしいのですが、プロのイラストレーターにお願いする予算がなかったという事情はさておき（汗）、実はこれもそれなりに意味があるのではとひそかに自負しています。小学校高学年の児童ならもっと上手な絵を描く人も多いことでしょう。ぜひ自分たちで絵を描いてカルタを自作してみてください。この英語表現に対してどんな図案にしようかなと考えてみると、文脈を意識しながら英語表現を正しく効果的に学ぶのに役立つことうけあいです。

　最後に一つだけ補足しておきます。本書では必要に応じて英語の音声をカタカナで表記することがあります。日本語話者は、特に大人はどうしても日本語の中に定着しているカタカナ英語の影響をうけがちです。たとえば、Emily という名前を考えてみましょう。発音記号では [ɛməli] となりますが、実際に発音してみると「エミリー」というカタカナ表記に近い音になってしまっていませんか。発音記号の中の [ə] はおおざっぱに言うと「弱く発音する母音」

で「短くあいまいに」発音します。日本語の中で強いて言えば「ウ」が近いので、カタカナで「エムリ」と表記する方が「エミリー」よりもずっと英語の音に近くなります。さらに、アクセントのある部分を太いゴシック体で表し、先ほどの弱く発音する母音という部分を小さく「ム」で表しますと「**エ**ムリ」となり、英語の音にずいぶん近づきます。あとは「リ」の部分にある [li] ですが、ここで説明すると長くなりますので本文の解説をご覧ください。「ー」と伸ばす部分も削除しています。実際に口に出して発音していただくと、「エミリー」ではなく、思い切って「**エ**ムリ」と意識することで相当うまくいくことがおわかりいただけると思います。なお、本書では主としてアメリカ英語の発音を扱い、必要に応じていろいろなバリエーションを紹介します。

　本書および iPad アプリ『えいごカルタ』を小学校の外国語活動に役立てていただければ著者一同のこの上ない幸せです。児童たち、そして先生方の笑顔が一つでも増えるよう願ってやみません。

　2015 年 5 月 19 日

著者一同

目　次

はじめに …………………………………………………… 3

第 1 章　カルタと英文 ……………………………… 11

第 2 章　カルタの解説 ……………………………… 41

1　"Hello." ([ou] [ɔ] [l]) ……………………………… 42
練習と指導のヒント (1) …………………………… 44
練習と指導のヒント (2) …………………………… 45
2　"My name is …." ………………………………… 46
練習と指導のヒント (3) …………………………… 48
練習と指導のヒント (4) ([ɑ] [r] [kl] [sn]) ………… 49
3　"Nice to meet you." ([-p] [-t] [-k] [j]) ………… 50
4　"See you." ([sɪ] / [siː]) …………………………… 52
5　"Very good." ([v]) ……………………………… 54
6　"How are you?" "I'm fine, thank you." ([f] [n]) ……………………………………………………… 56
7　"I'm hungry." …………………………………… 58

8	"I'm sleepy." ([sl])	60
9	"How many?"	61
10	Twelve	62
11	Twenty	63
12	A rabbit ([r])	64
13	An apple ([pl])	66
14	"A bird?" ([ɚː] [əː])	68
15	"Come here." ([m] [aʊɚ])	70
16	"I like baseball." ([b])	72
17	"Do you like it?" "No, I don't."	73
	練習と指導のヒント (5)	74
	練習と指導のヒント (6)	75
18	"Thank you." "You're welcome." ([θ] [ŋ])	76
19	My T-shirt ([ʃ] [tíː])	78
20	"What color do you like?"	80
	練習と指導のヒント (7)	81
21	Circle, triangle ([tr] [tʃ])	82
22	"Here you are." ([h])	84
23	"What do you want?" ([hw])	86
	練習と指導のヒント (8)	87
24	"The 'A' card, please." ([ð])	88
25	"What's this?" "It's a pencil."	90
26	"I study Japanese." ([zɪ])	92

27	"What would you like?" ([wʊ])	94
28	"I'd like a green salad."	96
29	My knees ([níː])	97
30	My mouth	98
31	My eyes and ears	100
32	"Do you have an ace?" "No, I don't."	102
33	Thirty penguins	104
34	d-o-g, dog	106
35	"When is your birthday?"	108
36	"My birthday is July fourth."	110
37	"Can you swim?" "Yes, I can."	112
38	Cooking	113
39	"Who am I?"	114
40	"Can you play the piano?" "No, I can't."	116
41	"Where is the station?"	117
42	"Go straight and turn left."	118
43	A hospital	119
44	"I want to go to France."	120
45	"Where do you want to go?"	121
46	"Let's go to Italy."	122
47	"I get up at seven."	124
48	"What time do you go to bed?"	125
49	Breakfast, dinner	126

50	"Take care." "See you soon."	127
51	"A little boy!"	128
52	"I'm strong and brave."	130
53	"What do you want to be?"	132
54	"I want to be a singer."	134
55	My dentist	136

あとがきにかえて ……………………………………… 139

iPad なしでカルタを楽しむ ……………………………… 142

第1章　カルタと英文

　この章では、本書で扱っている 55 の表現とそれに対応するカルタの図案を示しました。それぞれの表現がどのような絵になっているか楽しんでみてください。カルタの絵の中には、その文脈に沿った日本語のセリフが入っています。絵の面白さを引き立てるため、英文とは関係のないセリフも入っていますが、そちらの日本語は少し小さく薄い色になっています。

　これらのカルタの絵は http://sakurakaruta.com で見ることができます。

1 "Hello."   2 "My name is …."

3 "Nice to meet you."   4 "See you."

第 1 章　カルタと英文

5 "Very good."

6 "How are you?"
"I'm fine, thank you."

7 "I'm hungry."

8 "I'm sleepy."

第 1 章 カルタと英文

9 "How many?" 10 Twelve

11 Twenty 12 A rabbit

13 An apple

14 "A bird?"

15 "Come here."

16 "I like baseball."

第 1 章　カルタと英文

17 "Do you like it?"
"No, I don't."

18 "Thank you."
"You're welcome."

19 My T-shirt

20 "What color do you like?"

第1章　カルタと英文

21 Circle, triangle

22 "Here you are."

23 "What do you want?"

24 "The 'A' card, please."

25 "What's this?"
"It's a pencil."

26 "I study Japanese."

27 "What would you like?"

28 "I'd like a green salad."

29 My knees

30 My mouth

31 My eyes and ears

32 "Do you have an ace?"
"No, I don't."

33 Thirty penguins

34 d-o-g, dog

35 "When is your birthday?"

36 "My birthday is July fourth."

第 1 章 カルタと英文

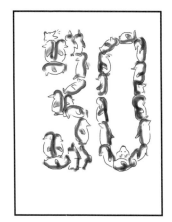

37 "Can you swim?"
"Yes, I can."

38 Cooking

39 "Who am I?"

40 "Can you play the piano?"
"No, I can't."

第 1 章 カルタと英文

41 "Where is the station?"

42 "Go straight and turn left."

43 A hospital

44 "I want to go to France."

第 1 章　カルタと英文

45 "Where do you want to go?"

46 "Let's go to Italy."

47 "I get up at seven."

48 "What time do you go to bed?"

第 1 章 カルタと英文

49 Breakfast, dinner

50 "Take care."
"See you soon."

51 "A little boy!"

52 "I'm strong and brave."

53 "What do you want to be?"

54 "I want to be a singer."

55 My dentist

第２章　カルタの解説

この章では、それぞれの英語表現について、発音に関する内容を中心に、現場の先生方をはじめ小学校英語に関わるみなさんに確認しておいていただきたい重要なポイントや教室での活動を行う際のヒントを解説しています。授業などの場でうまく活用してください。

1 "Hello."

お散歩の途中にはいろいろな出会いがあります。我が家の犬がちゃんと落ちついて挨拶ができるか飼い主がドキドキする一瞬ですね。

英語の "Hello." は日本語でもカタカナ英語「ハロー」として定着していますが、発音には注意しておきましょう。

"Hello" は、[həlóʊ] または [hɛlóʊ, hélou] です。[ɛ] は日本語の「エ」とだいたい同じです。[ə] は「あいまい母音」と呼ばれる弱くてはっきりしない音です。詳しくは 14 項で見ます。カタカナで書けば、「ハロー」ではなく「ヘロゥ」みたいになります。強く読むところ（アクセント、太いゴシック体で表記することにします）は、「ヘ**ロ**ゥ」のように後ろでも「**ヘ**ロゥ」のように前でも OK です。

第 2 章 カルタの解説

以下では、発音記号と合わせて発音のポイントを見ておきましょう。

[oʊ]: 「オー」のように長くのばすのではなく、「オ」と「ゥ」を「**オ**ゥ」のように発音します（詳細は p. 44 を参照してください）。日本語では、「おうさま（王様）」と書いても、実際には「オーサマ」のように長い音で発音しています。日本語話者にとって [oʊ] は意識して発音する必要がある音です。

[ɔ]: 日本語の「オ」よりも少し口を大きく開けます。[o] はそれより口は閉じています。[o] は、英語では二重母音の [oʊ] の中にしか出てきません。[ɔ] も [o] も日本語の「オ」より唇をまるくして発音します。

[l]: l（エル）の発音ですが、日本語のラ行の子音とはかなりちがいます。舌を口の上の部分（前歯の後ろあたり）にぺったりと、そして一瞬ではなくわりと長い時間くっつけてください。

Hi!

練習と指導のヒント（1）

<u>二重母音について</u>

"Hello." の発音にある [oʊ] のようないわゆる二重母音では、はじめの母音「オ」が強く長く、そしてそこからなめらかに変化して「ゥ」が弱く短く添えられる感じですので「**オ**ゥ」と表記することにしますが、全体でひとまとまりとして一息で発音することも意識しましょう。「オー」のような長母音になったり「オ・ゥ」と2つの音になったりしないよう気をつける必要があります。違いを意識させるために、たとえば口をパクパク開け閉めできる人形（パペットなど）を用意し、ALTの先生に下記のような単語を発音しながら動かしてもらって違いを理解させるのが有効です。児童や先生も人形の口をパクパクさせながら発音してみるとよいでしょう。

※「ふね」の "boat" [bóʊt] は「**ボ**ゥト」です。「ボート」[bɔ́ːt] では "bought"（"buy"「買う」の過去形）になってしまいます。

※「低い」の "low" [lóʊ] は「**ロ**ゥ」です。「ロー」[lɔ́ː] では "law"「法律」になってしまいます。

練習と指導のヒント（2）

<u>「[l] ＋母音」の発音について</u>
ＬとＲの発音の問題はもはや定番です。日本語話者にはＬの方が難しいかもしれません。よく言われる「舌先が上あご（歯茎）に触れる」だけでは不十分ですので丁寧に練習しましょう。まず、口の両側を次のおもちゃの形のように開きます。

そして、上下の前歯の間を若干あけてから舌先を上の前歯の後ろにべたっとくっつけます。

写真ではわかりづらいかもしれませんが、舌先は歯茎にべったりくっついています。
これで、日本語のラ行とはちがう英語の「[l] ＋母音」になります。

2 "My name is …."

我が家の白柴さんは、名前と子犬時代の写真が入った名刺（？）をペットショップからいただきました。

name もカタカナ英語「ネーム」として定着していますが、英語としての発音は「ネーム」ではなくて「**ネ**ィム」のように二重母音 [eɪ] であることに注意したいところです。英語には「エー」[eː] のような長い母音はありません。"ABC" の "A" も「**エ**ィ」[éɪ] です。

悩ましいのが "What's your name?"「名前なあに？」という表現です。よその犬に対して "What's your name?" ならもちろん問題ありませんし、子供同士でという状況でならありうるといえるのかもしれませんが、ぶっきらぼうな言い方という印象を与えることがあるという点には注意が必要です。とはいえそれ以外の表現（"May I have your name?"「お名前は何とおっしゃいますか？」など）は小学

校英語活動の範囲を超えてしまうでしょう。

たとえば、児童それぞれに英語の名前を持たせるというのはどうでしょう？　英語活動の時間だけ「太郎くん」が"Bob"になるわけです。それを前提とした活動という状況であれば、その中で"What's your name?"と聞くことがあってもおかしくはないでしょうし、友達同士で名前をたずね合う活動も興味をもって行えるのではないでしょうか。また、次ページに示すように、英語の名前には発音に注意しなければならないポイントが多くあり、うまく使えば英語らしい発音に慣れるための導入として有効です。

名前の発音練習のときにパペットを使って日本語と英語の違いに気づかせることもできます。たとえば、日本語読みで「ボブ」と発音するときは人形の口を「ボ」と「ブ」でそれぞれ開けますが、英語でBob [báb]（カタカナ表記では「**バブ**」が近いでしょう）と発音する時には下の写真のように「**バ**」で一度だけ開いて「ブ」ではほぼ閉じています。

…　　バ　　ブ　　…

練習と指導のヒント (3)

男の子のなまえの発音

John	[dʒán]	「**ジャン**」という感じです。
Tom	[tám]	「**タ**ム」ですが、[t] の後に空気を抜いて「タハ」のように言えたら理想的です。→ 19 項)
Willy	[wíli]	「**ウィ**リ」です。「ウ・イ」にならないよう注意。(→ 27 項)
Michael	[máɪkl]	日本語の「マイケル」とは違い「ケ」とか「ル」とは発音しません。「**マ**ィクゥ」です。(→ 13 項)

女の子のなまえの発音

Laura	[lɔ́ːrə]	「**ロ**ーゥア」みたいになります。[r] の音については次ページの解説を参照してください。
Mary	[mɛ́əri]	「**メ**ァゥイー」のように発音してください。
Alison	[ǽləsn]	「**ア**ラスン」のような音です。次ページ [sn] の解説参照。

練習と指導のヒント（4）

前ページに出てきた音について発音記号とともに確認しておきましょう。

[ɑ]: カタカナ英語では「オ」になりますが、もうちょっと口を大きく開けて「ア」に近く発音します。

[r]: r（アール）の発音は、[l] とも、日本語のラ行の子音ともちがいます。日本語で「ラリルレロ」と言うと、舌の先が口の中の上を5回軽くたたきます。この「たたき」をなくして「ゥアゥイゥゥゥエゥオ」のようになめらかな音にすると、それが英語の [r] です。"Laura" さんは、[l] も [r] も出てくるので良い練習になります。

[kl] [sn]: Michael や Alison の最後は子音が連続することに注意しましょう。「クル」、「ケル」とか「ソン」、「スン」では、どれも間に母音が入ってしまっています。

③ "Nice to meet you."

お尻のにおいを嗅ぎ合うのもワンちゃん達にとって大事な挨拶の一つですね。

この項では音の連結について見ておきましょう。

"Nice to meet you." の "meet you" の部分は、"meet"「**ミートゥ**」[míːt] と "you"「**ユー**」[júː] を「**ミートゥ、ユー**」のように単語ごとに切って発音すると不自然です。"meet" の最後の [t] と、"you" の最初の [j] を連結していっぺんに発音します。カタカナで書くと「ミーチュー」のようになります。このような場合について、以下では "meet ⌒ you" と表記することにします。

以下では、関連する発音記号と発音のポイントについて補足しておきます。

第2章 カルタの解説

[-p] [-t] [-k]:
　子音で終わる単語はとても発音しにくいもののひとつです。日本語では "cup" [kʌ́p] を「カップ」、"meet" [míːt] を「ミート」、"cake" [kéɪk] を「ケーキ」などとカタカナで使うことがあります。これでは、それぞれをローマ字にするとわかりますが、"kappu̱" "mīto̱" "kēki̱" の下線部のように、単語の最後に母音の「ウ」「オ」「イ」がついてしまっています。こういう元の英語にない余計な母音を入れると英語らしくない発音になってしまいますので注意しましょう。

[j]:
　ヤ行の子音ですが、ご存知の通り you [júː] は「**ユー**」、young [jʌ́ŋ] は「**ヤン**（グ）」です。「ジュース」の英語でのつづりが "juice" であることと混同して「ジュ」や「ジャ」みたいな発音と勘違いしないようにしましょう。「ジ（ュ）」「ジ（ャ）」の子音の発音記号は [ʤ] です。

4 "See you."

前項は初対面で「はじめまして」と挨拶する "Nice to meet you." でした。二度目に会うときからはseeを用いますから、「またね」と近いうちにまた会う人と別れるときの挨拶が "See you." ("I'll see you." といった言い方の簡略な形) です。
"See you later." と言うと、その日のうちにまた会うというニュアンスで「また後ほど」という日本語に近い感じを出せます。

日本語の「シ」と英語の [sɪ] の違いも難しい点があります。英語の [sɪ] は、まず上下の前歯を合わせて、上の前歯の後ろ側の歯茎と舌の距離を狭め、前方に息がすっと出るようにします（このとき口をとがらせて「シュィー」にならないよう注意しましょう）。これに対して日本語の「シ」と発音してみるとどうですか？ 舌の位置が奥の方にあることに気づくでしょう。

[sɪ] / [siː]: "city" [síti] が「シティー」、"ABC" [éɪbìːsíː] が「エービー<u>シー</u>」の下線部のようにならないように注意しましょう。カタカナでは表しにくいのですが、およそ「**スィ**ティ」「**エ**ィビー**スィー**」のように言えば十分です。（「スイ」とならないよう注意！）

「さようなら」の定番として Goodbye もあります。イントネーションは下降調でも良いのですが、特に、相手が "Goodbye." と言ったのに対して応えるときなど、最後を上げるようにすると親しみが出る感じになります。

Goodbye↘

Goodbye↗

"OK" という場合でも、イントネーションによる使い分けが便利です。たとえば、カタカナ英語として日本語の会話でも下降調（OK↘）でよく使いますが、英語活動の場面では「正解！」とか「合ってるよ！」といった意味で使うことも多いでしょうし、上昇調での OK↗ は、「（CDの音が）聞こえてる？」と言った具合に確認するようなときに使えます。

5 "Very good."

よくできました

きれいなおすわり
かんぺきなふせ

[v] は上の歯を下唇にあてて出す音です。実際には唇を歯にくっつけて少しずつ空気を前に出すときのこすれる音（摩擦音）です。「上の歯で下唇を噛む」と教わった人がいるかも知れませんが、唇を歯で噛むと痛いだけでなく空気がなめらかに出なくなります。

"good" の [g] は日本語の語頭に生じるガ行子音と同じといえますので苦労しません。なお、鼻濁音とよばれる、やわらかく鼻に抜ける音（「ンガ」「カ°」と表記されることもあります）については18項で触れます。

"very good" は強く読むアクセントが "good" の方にあり、"very g**oo**d" となります。アクセントについて、「強い」というのがなかなかぴんと来ないかもしれませんが、実態は、単に声が大きくなるというのでなく、1.5倍くら

第 2 章　カルタの解説

い長くなって発音されるという点が重要であるということを理解してください。

教室での活動を行うときに児童をほめる表現にはいろいろあります。"(Very) Good." "That's good." "Good job." "You did a good job." "Wonderful." "Excellent." "Fantastic." などがよく知られているものでしょう。ポジティブなフィードバックを返してあげることが児童の学習の助けとなりますので、積極的に用いてください。

[v]:　「ヴー」[vː] というイメージで、発音を続けることができます。まずその継続した発声の練習をしてみましょう。（破裂音の [b] は発声を続けることができません。）それから、"very" [véri]「とても」と "berry" [béri]「ストロベリー（いちご）」などの「ベリー（いちごのなかま）」、"base" [béɪs]「基礎、ベース」と "vase" [véɪs]「花びん」を区別できるようにしましょう。[b] は日本語のバ行の子音と同じ発音で十分ですが、[v] は、「**ヴェゥイ**」「**ヴェィス**」のように、下唇と上の歯をくっつけることを忘れないでください。

6 "How are you?"
"I'm fine, thank you."

ごきげんいかが？

おかげさまで

暖かくしてもらって気持ち良さそうな白柴さんですね。

知人に会ったときの定番のあいさつです。「元気ですか。」「こんにちは。」あるいは「調子はどう？」など場面によって様々な日本語があてはまります。

答え方も定番の"I'm fine, thank you."です。続けて「あなたは？」と問い返すときは"And you?"とか"How about you?"や"… and how are you?"と言います。この場合アクセントは"you"に置かれます。

  A: "How are you?"
  B: "I'm fine, thank you. And how are you?"

[f]: 5項で見た [v] と同じで、下唇を上の歯に触れさせます。日本語の「ファ、フィ、フ、フェ、フォ」

では上下の唇を近づけますので、響きがずいぶん違います。[f] が [v] と異なるのは濁らない音である点です。日本語では「゛」がつく有声音（濁る音）と「゛」がつかない無声音（濁らない音）の違いです。発音するときにのどを押さえてブーと震えるのが有声音、震えないのが無声音です。

無声音	有声音
[f]	[v]
[p]	[b]
[t]	[d]
[s]	[z]
[k]	[g]

[n]： 日本語で「本（ほん）。」と言う場合の「ん」は、口の奥ののどひこのところに舌の根元をくっつけて発音する音で、英語にはない音です。"fine" [fáɪn] の最後の [n] は [s] と同じ場所で舌先を上の歯茎に密着させます。[n] の次に母音で始まる単語が続くときにはナ行を発音するような音になります。"On ⌢ air"「オンエア、放送中」が「ア**ネ**ア」のように発音されます。"on" の語末の [n] の音が次の "air" の最初の母音 [ɛ] と一緒になって、「**ネ**」[nɛ] のように発音されるのです。

7 "I'm hungry."

おやつやご飯がほしいとアピールするときの白柴さんもかわいいものです。

さてここでは、日本語話者には「ア」のように聞こえる音について、英語ではいくつかの区分がはっきりと存在することを見ましょう。

英語の"father"(「おとうさん」)や"mother"(「おかあさん」)は日本語の中でも「ファーザー」や「マザー」というカタカナ英語として使われています。日本語の発音で「ファーザー」と「マザー」と言うときに下線部に含まれる「ア」の音に違いはありません。でも、英語では全くちがう音です。英語の"father"の下線部の音 [fá:] にある [ɑ:] は日本語の「ア」よりも上下に大きく口を開けて「アー」と発声します。日本語で「雨(あめ)」とか「頭(あたま)」と言うときの「ア」よりもっと口を大きく開けてください。

第2章 カルタの解説

それに比べて"mother"の下線部の音 [mʌ] にある [ʌ] の音は、口が半開きくらいで、あごは引かれたまま舌も後ろよりのままですのでこもったような音になります。[ʌ] の音は表題にある"hungry"の発音 [hʌ́ŋgri] にもあります。日本語の「雨（あめ）」とか「頭（あたま）」の中の「ア」はだいたいこの [ʌ] に似ています。

なお、"happy" [hǽpi]「幸せな」などに含まれる [æ] は舌が前よりになります。日本語では「キャ」「キュ」「キョ」「ニャ」「ニュ」「ニョ」などの拗音のように響きます。たとえば、"map" [mǽp]「地図」をカタカナ表記にすると「マップ」よりは「**ミャプ**」としたほうが実際の発音に近くなります。"cat" [kǽt]「猫」は「**キャ**ト」です。また、この [æ] は、比較的長く発音されますから、「ミャプ」「キャット」よりは、「**ミャープ**」「**キャー**ト」のほうが実際の英語の発音により近いと言えるでしょう。なお、日本語でよく用いられる「ハッピー」や「キャット」にある「ッ」（促音）は、英語にはないと思っておくのがよいでしょう。そうすると、happy は強いて書けば「**ハアーピ**」のような表記が近いということになります。

8 "I'm sleepy."

おねむ なの

おやおや、寝床に顔をうずめておねむの様子の白柴さんです。

「眠い」とか「おなかすいた」など、"I'm 〜 ."の「〜」に様々な感情や様子を表す表現を入れることができます。"How are you?"と挨拶されて返すときの"I'm fine."もその一つです。

この"sleepy"ですが、4項でみた [s] に続けて、日本語話者が苦手とする [l] の音が入っていますから結構たいへんです。1項の [l] も再確認しましょう。

[sl]: 子音の連続にも少しずつ慣れていきましょう。日本語で「スリープ」と書くと、ローマ字で"surīpu"となるように、[s] の次に母音 [u] を入れて読んでしまいます。この [u] を発音しないように、[s] と [l] を連続して読みます。

⑨ "How many?"

いったい柴犬さんが何匹いるのでしょう？ この場合、"How many dogs (are there)?"という質問に答えるのには、たとえば6匹なら"Six."や"There are six."となります。「いくつ？」と尋ねるときの英語としては、"How many 〜 do you have?"や"How many 〜 are there …?"といった表現が普通なのでしょうが、『Hi, friends! 1』では児童の負担も考慮して"How many 〜?"という部分だけになっています。

英語では"how + many"という形で、「どのくらい」とたずねる疑問詞（how）と数に関する表現（many）がつながっています。なお、この場合のmanyは数について言及する表現ということであって、「多い」という意味合いはありません。明らかに少ないときでも"How many〜?"と言いますからね。水の量や金額など「1個」「2個」と数えられないものは"How much 〜?"です。

10 Twelve

12匹で「12」に見えますか。

[twélv]:
発音が「トエルブ」といった音にならないように注意しましょう。[w] は日本語のワ行の子音の場合より唇をできるだけ小さく丸め、少し突き出して、はっきりと発音しましょう（→ 27 頁）。[tw] という子音の連続では [t] の音を出そうとする段階から唇は [w] の発音をする準備をします。[w] の音はワ行の子音ですので、[wɛ] は母音だけの「エ」ではなく「ウェ」のようになります。子音 [w] の音をはっきりと（→ 27 項）。単語の最後にくる [v] は [f] に近くなる傾向があり、「トゥ**ウェ**ゥフ」のようになります。

直後に母音のこない [l] は [o] や [u] と同じくらいに口を開いた形になります。たとえば "milk" [mílk] は「ミルク」ではなく「**ミ**ゥク」のほうが実際の発音に近くなります。舌先を上歯の付け根につけて練習してください。

11 **Twenty**

[twénti]:
[tw] の部分は前項でお話ししたとおりです。問題は後半の [nt] の音です。まず [n] は6項で触れましたが、日本語の「ン」とは違って、ナ行の子音と同じ音、つまり舌先を上の歯茎の裏側にくっつけて出す音でした。この [n] の後に [t] がきて [nt] という連続になるとき、アメリカ英語では、[t] が消えて発音されることがあります。その場合、発音記号では [twéni] となりますから、カタカナで表記しようとすると「トゥ**ウェ**ンティ」ではなく「トゥ**ウェ**ニィ」となります（下線部に注意）。

ネイティブ・スピーカーの発音も出身地などによってさまざまなバリエーションがあります。本書でも代表的な例についてはいくつか触れていますが、児童たちがいろいろな人の発音を聞いたとき、どれが正しいとか間違っているといった反応をしないよう気をつけたいものです。

12 A rabbit

ウサギは目を開けたまま寝ると聞いたことがあります。それでもカメに追い抜かれたことには気づかなかったのですね。うちの白柴さんも、ときどき大胆な格好で寝ています。

[r]: 49ページでも説明しましたが、日本語のラ行の子音とも、英語の [l] ともちがう音なので、もう一度練習しましょう。日本語の「ラリルレロ」を、舌が口の上をたたかないように中途半端に浮かせると英語の [r] ができます。まずは、[r] 単独のもので練習します。

rabbit	[rǽbət]	「うさぎ」
rat	[rǽt]	「ねずみ」
carrot	[kǽrət]	「にんじん」

road	[róʊd]	「道」
right	[ráɪt]	「右」
wrap	[rǽp]	「包む」
arrive	[əráɪv]	「到着する」
arrow	[ǽroʊ]	「矢」
room	[rúːm]	「部屋」

他の子音と連続したものも確認しましょう。

train	[tréɪn]	「列車」
tree	[tríː]	「木」
dream	[dríːm]	「夢」
drop	[drɑ́p]	「しずく」
street	[stríːt]	「通り」
straight	[stréɪt]	「真っ直ぐな」

"train" や "tree" の中の [tr] の音については 21 項と 33 項を参照してください。また、"dream" や "drop" の中の [dr] の音も 21 項と 33 項で説明しています。"street" や "straight" の中の [str] の音については 52 項で詳しく説明しています。

zzz…
I'm asleep.

13 **An apple**

リンゴ

リンゴで作ったウサギは an apple rabbit とでも呼びましょうか。

7項でもみた [æ] をもう一度確認しておきましょう。日本に来た留学生に「カタカナ英語を聞いたとき、わかりにくかったものは何か」と尋ねたら、「アップル」と言われて何のことかわからなくて困ったという回答がありました。7項で見たように、"apple" [ǽpl] の [æ] は長めになるのでしたね。そこでも触れましたが「ア<u>ッ</u>プル」のような「ッ」は英語にはないものでした。カタカナ英語で「**エァ**プゥ」と表記している例があるのは、この特徴をとらえようとしているのに他なりません。

[pl]:   "apple" の最後の [pl] は、「プゥ」のように発音するとよいでしょう。10項で触れたように、語の最後に来る [l] は、[o] や [u] のような母音に

似た音になります。[tw] のときと同様に、[p] の音を破裂させようとする段階から舌先を歯茎にくっつけて [l] の発音をする準備をしています。

下の例も、語の最後での [l] の発音は同じです。

- **[bl]**: "double" [dʌ́bl] 「二重の」
- **[tl]**: "little" [lítl] 「小さい」
- **[dl]**: "saddle" [sǽdl] 「（自転車の）サドル」
- **[kl]**: "tackle" [tǽkl] 「（ラグビーの）タックル」
- **[gl]**: "single" [síŋgl] 「単独の」

音の結合について

an ⌢ apple: 3 項で、"meet ⌢ you" の 2 つの単語の音を連結させて「ミーチュー」のように発音するということに触れました。"an ⌢ apple" のように子音で終わる単語に母音で始まる単語が続いた場合に、「アンアプゥ」のようにではなく、「アナプゥ」のように "an" [ən] の [n] と "apple" [ǽpl] の [æ] を連結させて [næ] のようにつなげて発音するようにしましょう。このことは、6 項の "On ⌢ air" のところでも触れています。

14 "A bird?"

"bird" は英語活動の中でよく使われる一方で、英語話者に通じるように発音するのが難しい単語のひとつです。「バード」というカタカナ読みでは英語として通じません。

[ɚː] [əː]:

アメリカ英語の [ɚː] よりもイギリス英語の [əː] のほうが日本語話者にとって最初は発音しやすいかもしれませんので、そちらから説明しましょう。まず、[ə] は日本語の「ア」「イ」「ウ」「エ」「オ」のどれともちがうあいまいな母音です。なので「あいまい母音」とも呼ばれています。口の開きも、舌の前後の位置も、くちびるのはりぐあいも、全部いいかげんにして息を出すと [ə] になります。長い音は [əː] です。日本語の「ア」「イ」

「ウ」「エ」「オ」のどれともちがうということで、むずかしい音みたいですが、口のなかが全部ゆるんでいるので、ため息をつくときの声です。だから、実はだれでも使ったことがある、だらけたときに出す音です。でも、"bird" [bə́ːd] と言うたびに、（口のなかはだらけていますが）気持ちがだらけるわけではないので発音するのがむずかしいかもしれませんね。アメリカ英語では [əː] の部分が [r] の音色をともないます。「巻き舌」なんて言われたりもしますが、なんとなく「英語っぽい」と私たちが感じる響きです。発音記号では [ə] に「r化」を表す [˞] をつけて [ɚː] と書きますが、舌を少し引っ込めて舌先を軽くそり返して発音します。

　なお、アメリカ英語では、[ɚː] のように伸ばした場合にだけ [r] の音色が生じるのではなく、たとえば "perhaps" の "per" の部分のように短いときにも [r] の音色になるので発音記号は [ɚ] となります。

15 "Come here."

こっちにおいで

"come" [kʌ́m] の末尾の [m] は比較的発声しやすい音でしょう。口をしっかり閉じたままにして、ただし [m] は有声子音なので声帯の振動があります。同じように "time" [táɪm] でも練習してみましょう。でも、"ten" [tén]「10」や "fine" [fáɪn] の最後の [n] と比べると、どっちも鼻の音（鼻音）なので、区別がむずかしくなります。さらに、日本語の「ン」ともちがいます（→ 6 項）。[m] と [n] のどちらも鼻に息を抜く音ですが、[m] はしっかり口を閉じる、[n] は上の歯の後ろの歯茎に舌先をくっつけて違いをはっきりさせるようにしてください。

後に続く "here" [híɚ | híə]（前はアメリカ式、後ろはイギリス式）について、"come" の後に続くとき [h] の音が脱落して発音されることもあります。「カ**ミィー**ァ」となる感じです。"h̲our" [áʊɚ]「1 時間」、"h̲onor" [ɑ́nɚ]「名

誉」など、もともと発音しない h を含む単語もありますから、この脱落はなんとなくわかるかもしれません。なお前項でみたとおり、"here" の最後は、アメリカ式で r 化音が入ります。イギリス式は入りません。

[aʊɚ]: "hour" [áʊɚ] のように、3つの母音が連続する、三重母音があります。日本語では言いにくくて、"hour" は「アワー」のように、「ワ」のところに [w] という子音が入ってしまいます（[w] については→27項）。こうならないように、「**アゥアー**」みたいに言う必要があります。もう一つ、[aɪɚ] という三重母音もあります。"fire" [fáɪɚ] などの場合ですが、やっぱりカタカナ読みだと「ファイヤー」みたいになって、「ヤ」のところに、今度は [j]（「ジャ」と読まないように！（→3項））が入ってしまいます。「**ファ**ィ_ア_ー」みたいに言う必要があります。

He's out.

16 "I like baseball."

やきゅうがすき

『Hi, friends! 1』Lesson 4 に出てくる "I like 〜." ですが、〜の部分に出てくる単語の発音にも注意しましょう。

"book" [búk]「本」、"baseball" [béɪsbɔːl]「野球」、"baby" [béɪbi]「赤ちゃん」などの [b] の音は日本語とさほど変わりませんが、[b] の前に「ッ」があるつもりで強めに発音するとより英語の音らしくなる、と説明されることもあります。"basketball" や "volleyball" も特に語中の [b] 音に注意して練習してみましょう。

"soccer" [sákɚ] は「サッカー」ではなく、「ッ」を入れずに「**サ**カー」のように。"swimming" [swímɪŋ]「水泳」も [w] の音に注意。強く唇を丸めて突き出します。また、[sw] では、[w] の前の [s] の段階から唇の形を作っておき、日本語の「スイミング」ではなく、[w] の音を入れて「ス**ウィ**ミング」のように発音しましょう（→ 27 項）。

17 "Do you like it?"
"No, I don't."

気に入らないご飯にはプイッとそっぽを向く柴犬さんです。

単に「これ(それ)が好き？」というだけでなく、「気に入ってくれた？」とか、服を試着してみて「似合うかしら？」なんていうときなどにも"Do you like it?"というのが英語らしい表現として使えます。

教室での活動で、"Do you like ～?" — "Yes, I do. / No, I don't." の紋切り型の対話だけでは味気ないので、"No, I don't." の後には "I like ～ ." を続けるなど対話が続くよう工夫してみたいものです。そのときには、トマト (tomatoes) やピーマン (green peppers) などの語彙を十分準備しておきましょう。

練習と指導のヒント(5)

"I like ～ ." や "Do you like ～ ?" を使って

 "I like ～ ." や "Do you like ～ ?" を使えば、英語活動を始めて間もない段階でも、たとえば大学の留学生とテレビ電話システムを使って会話するといった活動を十分楽しめます。

 いきなり見知らぬ留学生と話すというのは児童にとって大変ですから、普段の授業の中で留学生たちが自己紹介("Hello." "My name is ～ ." "I'm from ～ ." "I like ～ ." といった内容)するビデオレター(写真1)を前もって見せておくと、実際に本人と話せるというときに児童は大喜びで盛り上がりますよ(写真2)。

　(写真1)　　　　　(写真2)

練習と指導のヒント（6）

"I like ～ ." を含んだ面白いシナリオを考えてビデオを撮るとむずかしい発音の練習も楽しめます。

a． ホットケーキを焼いている場面で "I like cooking." と言う。（cooking は熱を加えて行なう料理です。）

b． ホットケーキを食べようとして "I like pancakes." と言うが、隣にいた子供に食べられる。

c． 波の絵の後ろで "I like swimming." と言う。2コマ目では溺れている仕草を入れている。

18 "Thank you."
"You're welcome."

むだ毛をたっぷりとってもらってご機嫌の白柴さん。ピカピカになって飼い主さんも満足です。

"you are" の短縮形 "you're" [júɚ, jɚ, jɔ́ː] は "your" と同音です。イギリス式では [jɔ́ː] が多いそうです。なお、"you're" に限らず、"we're" / "they're" / "I'm" / "(s)he's" のように、主語が人称代名詞の場合、会話では通常 be 動詞は短縮形にされます。

[θ]: "thank" [θǽŋk] の最初の音です。歯間音 (interdental) とも呼ばれるように、歯の間に舌先をもっていって発音します。もしかしたら、「上下の歯で舌先を噛む」という説明を聞いたことがあるかもしれませんが、上の歯の先端に舌先がくっついていればそれでいいのです。[θ] を含むいく

つかの単語で練習しましょう。"Thank you." は日本語に「サンキュー」として定着していますが、[θ] と「サ」はかなり違う音です。英語の [θ] は日本語のサ行を舌足らずに発音したみたいに聞こえるかもしれません。次の例にも含まれています。

three [θríː] 「三（さん）」
mouth [máʊθ]「口（くち）」

[ŋ]: "thank" [θǽŋk] にある [ŋ] は、5項の [g] の説明で出た、日本語の鼻濁音の子音部分と同じです。英語では、基本的に、子音の [k] [g] の子音の前か、単語の最後にしか表れません。よく見かけるのは動詞の「〜ing 形」の [ɪŋ] ですが、「イング」ではなく、「イ」の後は鼻音1音（これが [ŋ]）で、最後は [g] の音も母音もありません。強いて表記すれば「イン（グ）」でしょうか。15項の [m]、6項の [n] とも、まして日本語の「ン」とも違います。"English" や "England" の "Eng-" の部分が [íŋg] ではなく [íŋ] と発音されることもあります。

19 My T-shirt

わたしのTシャツ

きるのもたいへん

"shirt" [ʃɚ́ːt | ʃə́ːt] の [ɚː] / [əː] については 14 項の bird のところで述べた通り、[ɚ] をうまく発音できなくても大丈夫です。

[ʃ]: "shirt" は日本語では「シャツ」ですが、[ʃ] と「シャ」は違う音です。日本語の「シャ」の子音は、「シ」の子音と同じで、舌先の位置は歯茎からすこし後ろの方になります。[s] はちょうど歯茎のところに舌先がきています。[ʃ] は [s] と「シ」「シャ」のちょうど中間あたりに舌先をもっていく音です。しかし英語の [ʃ] は sh のつづりのところに出てきますし、日本語の「シャ」「シ」などはローマ字で sha, shi とつづるので、つい同じ音だと思ってしまいがちですが、実はちょっと違う

のです。(過度に神経質になる必要はありませんが。)

[tíː]: [p] [t] [k] は日本語のパ行、タ行、カ行の子音と同じと考えてよいですが、アクセントのある母音の前の [p] [t] [k] は息（気音）を伴う音になります。[p] [t] [k] の破裂とともに呼気を抜いて、そのあとに母音を発音するというイメージです。48 ページの "Tom" の [t] のところでもこのことについて少しだけ触れました。うまくできているか確認するために、たとえばティッシュを口の近くにぶら下げて "paper" [péɪpɚː]（「紙」）とか "time" [táɪm]（「時間」）とか "cake" [kéɪk]（「ケーキ」）とかを発音してみてください。ALT の先生にやってみていただいて自分の発音のときと比較してみてもいいでしょう。このような呼気を抜く音を気息音といい、正確には [pʰ] [tʰ] [kʰ] と書きます。ただし、これらの気息音は、p, t, k で始まるときだけで、たとえば s が前についた "station" [stéɪʃən]（「駅」）のようになると呼気は抜けません。

20 "What color do you like?"

どの色がって言われても…ワンちゃんは人間のようには色を認識していないんだとか。

好きなものについて尋ねたり答えたりする単元（『Hi, friends! 1』Lesson 5）で扱われる表現です。『Hi, friends!』では、見出しの表現としてwhichが導入されていないので、カルタの中では、いくつかのTシャツが提示されている状況での "What color do you like?" という英文に「どのいろがすき？」という日本語を対応させています。（選択肢が提示されてなければ「あなたの好きな色は何ですか？」というように色の好みを尋ねる意味の文になります。）

なお、『Hi, friends! 1（指導編）』には指導者の表現例として "Which T-shirt is Taku's?"（どのTシャツがタクのものですか。）という文が紹介されているようです。

練習と指導のヒント（7）

いくつかある中から選ぶ

いくつかある中から好きなものを言うという活動として、指で示しながら "I like this one."（私はこっちがいい。）とか "I like that one."（私はあっちがいい。）と言いながら選ぶという練習も実用的です。

たとえば実際にTシャツを準備できるのであれば、手に取って合わせてみて、17項で出てきた "Do you like it?"（似合う？）という表現を使ってみるのもいいでしょう。また、実際に着てみた人に先生やまわりの児童が "You look nice."（似合うよ。）と声をかけ、それに対してTシャツを着てみた人が "Thank you."（ありがとう）と答えるというように対話をつなげる工夫をしてみたいものです。普段日本語で話しているときには、相手の身なりなどをほめるということはあまりしないかもしれませんが、英語で話すときには自然な態度でさりげなく相手をほめるというのが会話の中の大事な要素になりますので、ぜひ身につけておきたい態度です。

21 Circle, triangle

柴犬にはキツネ顔とタヌキ顔があるそうです。

"triangle" [trάɪæŋgl] の [tr] は [t]+[r] ではなく、ましてカタカナの「トライ」のように [t] と [r] の間に母音 [o] が入ったりしません。全体で一つの音になって、[tʃ] みたいになります。[tʃ] は [t] と [ʃ] が連続しているのではなく、これらの音を同時に発音するもので、日本語のチャ行の音と全く同じです。"try" [trάɪ]「試す」の発音について「チュアイ」というカタカナ表記が与えられることがありますが、これは [tr] の発音が [tʃ] みたいになる現象を反映したものでしょう。少し詳しい説明をすると、[tr] の場合に舌先が触れるのは [t] の場合の上歯の付け根と同じではなく、[tʃ] やチャ行の音の場合と同じ位置です。ただし、[tʃ] やチャ行の音のときには舌先がいくぶんぺったり硬口蓋（歯茎の後ろの口の上のところ）につけるのに対して、[tr] では舌先が硬

口蓋に垂直につきます。次の例を比較してみましょう。

  trace [tréɪs] 「痕跡」
  chase [tʃéɪs] 「追跡」

ところで、[tʃ] の有声音は [dʒ] です。[d] と [ʒ] を同時に発音したもので、日本語のジャ行と全く同じです。[tr] が [tʃ] みたいに聞こえるように [dr] は [dʒ] のように聞こえます。某ビールのコマーシャルで "dry" [dráɪ] が「ジュアイ」のように聞こえるものがありましたが、これも同様の現象です。

  dry [dráɪ] 「乾く」:「**ジュアイ**」のように。
  dream [dríːm] 「夢」 :「**ジュイー**ム」のように。

circle [sɚ́ːkl] の [ɚː] の音色、[kl] という子音の連続については、それぞれ、14 項、13 項で扱いました。

22 "Here you are."

投げたものをとってくる練習で、「はいどうぞ」と持ってくると嬉しいもので、ついおやつを「はいどうぞ」と…

日本語話者の多くが "he" [híː]（「彼が／は」）をちゃんと発音できていないなんて言われるとびっくりしますが、それには以下のような理由があります。

[h]: 日本語の「ヒ」の子音は、実は「ハ」や「ヘ」や「ホ」の子音とはちがう音です。「ハ」や「ヘ」や「ホ」の子音は、ローマ字で ha, he, ho と書くように、発音記号も [h] です。英語の "he" などの h も [h] です。[h] はのどの一番奥の、肺からの呼気を止めたり出したりできる「声門」というところの音です。だから、「ハ」「ヘ」「ホ」と言ったとき、口をあけて鏡で見ると、いわゆる口のなか

（のどひこより手前の部分）はどこも動いていないのがわかると思います。ただし、英語の [h] は日本語の [h] よりもかなり強い呼気を伴うことに注意してください。かじかんだ手を暖めるときや、窓や鏡を磨くときに「ハー」と息を吹きかけるときの「ハー」のようなイメージで強めに言うとよいでしょう。日本語で「ヒ」と言うときは、歯茎の後ろの口の上のところ（口蓋の前半分の硬いところなので硬口蓋といいます）が少し狭まって発音されます。発音記号では [çi] と表記される別な音です。日本語で「ヒッヒッヒー」と笑うと、その硬口蓋の部分が狭くなるのがよくわかります。

英語の "he" は、[híː] です。声門の音で、日本語の「ヒ」とはちがいます。「ヒッヒッヒー」のときみたいに硬口蓋が狭くならないように注意して、口のなかを動かさないで、のどの奥の方から強めに息を出すイメージで、「ホイー」と発音してみてください。息の音に続けて「イー」と言う感じです。"here" [híɚ]「ここ」や "hint" [hínt]「ヒント」のなかの [hɪ] も同じです。

23 "What do you want?"

なにがほしいの？

おやおや白柴さんがテーブルの上を背伸びしてのぞいてます。

この項の "What do you want?" は "What would you like?" よりぶっきらぼうで、状況によっては「なんの用だ？」といった意味になる点には注意しておきましょう。ところで、"what" はときどき「ホワット」みたいに最初に [h] の音をいれて発音されることがあります。発音記号は [hwát] です（多くの英語の辞書では [hwát] あるいは [(h)wát] のように書かれています）。この [hw] という子音の連続は日本語話者には難しい音ですが、最近では使われなくなってきているので、[wát] のように [h] を抜いて発音すれば大丈夫です。ですから "where" を "wear" と同じように発音しても大丈夫です。

練習と指導のヒント（8）

<u>リズムについて</u>

英語では、リズムが非常に大切です。英語のリズムは「強く発音する」と「弱く発音する」の組み合わせで、これらが交互に規則的に繰り返されると英語の母語話者の耳に心地よく聞こえます。これがリズムです。太鼓などの打楽器をたたいて拍子をとるようなものです。
"What do you want?" の場合は、

　　　強く読むところ ＝ ●

　　　弱く読むところ ＝ •

で表すと

　　　What do you want?

のようになります。太鼓を「トントトトン」とたたくイメージです。27項では "What would you like?" という表現が出てきますので同じようなリズムで発音しましょう。

　　　What would you like?

　　　ワト　　ワジュ　ライク

　　　●　　　• •　　　●

（"would you" の読み方は27項で詳しく見ます。）

24 "The 'A' card, please."

"the" には [ð] の音が含まれますが、[s] や [θ] との違いを確認しましょう。[s] は日本語の「サ、ス、セ、ソ」の子音の部分ですから発音は難しくありません。[θ] は上下の前歯を数ミリ離した状態で舌先を上の前歯の先端に接触させて発音します。そこから有声音にする（声帯を振動させる）と "the" の [ð] の音になります。

"the" の発音について：

普通は [ðə] です。[ə] はあいまい母音（→ 14 項）で、アクセントもないので母音があるのかわからないくらいです。日本語で「ザ」なんて書くのにつられて、日本語の「ザー」みたいな発音にならないようにしましょう。（はっきりした [ɑː] の発音については 7 項で "father" [fɑ́ːðɚ] を使って確認しました。）母音で始まる単語の前では [ði] のようにはっきりした [i] の音になります。あいまい母音

の [ə] の次に母音が連続すると発音がしにくいので、はっきりと [ði] と言う必要があるのです。

アルファベットの聞き分け：

15項で末尾の [m] について、6項で末尾の [n] について説明しましたが、アルファベットの文字の名前の"M" [ɛm], "N" [ɛn] の聞き分けは日本語話者にとってたいへんむずかしいものです。口の動きの映像を見たり、"MN"と"NM"の聞き比べ(『教室の英語音声学』島岡　丘著、1986年、研究社出版、p. 11) をしてみたり、"The 'M' card, please." と "The 'N' card, please." の聞き分けや、下に対比した語を聞き比べるのもよいでしょう。

　　"them"「彼らを」　　 vs. "then"「そのとき」
　　"some"「いくつかの」　vs. "sun"「太陽」
　　"mime"「ものまね」　　vs. "mine"「私のもの」

　"B" [bíː] と "V" [víː] の聞き取りも日本語話者には難しいものです。"B" と "V" は唇の位置の違いよりも、"V" の場合には破裂がなく摩擦音が継続する (→ 5項) ことの意識が大事です。"B" [bíː] の [b] の音は16項で少し触れました。

25 "What's this?" "It's a pencil."

なにか面白そうなものや、おいしそうなものを見つけてくわえた白柴さん。取り上げようとする飼い主に対しての役者ぶりはなかなかのものです。

"What's this?"「これは何ですか？」や "What's that?"「あれは何ですか？」という表現で、"this" は近くの、"that" は遠くのものについて何なのかを尋ねるときの言い方です。答えるときには "It's〜." です。なお、"it" は、よく「それ」という日本語があてられることがありますが、"it" という語には距離感がありません。

what's：
what's の下線部の発音については 23 項で見ました。[hw] ではなく [w] で大丈夫です。

ところで、"What's this?" は、早くスムーズには発音しづらいものです。この難しさは、『教室の英語音声学』

(島岡　丘著、1986 年、研究社出版、p. 82) にわかりやすく解説されているとおり、"what's" [wʌ́ts] の [ts] に続いて "this" の [ð] の音が続くところにあります。なお、日常的な発話においては [wʌ́tsɪs] のように発音されることが多く、むしろこれなら私たちにも発音しやすくなります。ただし教室での指導ではゆっくり読んで [ð] の音を残したほうがよいでしょう。

『Hi, friends! 1』pp. 27-28 には "What's this?" で尋ねられるものとして以下の語が出ています。
triangle（三角定規、楽器のトライアングル）、fish、recorder、glove（「グローブ」ではなく「グラブ」のような発音です）、map、bird、textbook、cap、cup、apple、microscope、frying pan、shoe、notebook、eraser（黒板消し、消しゴム）、piano（日本人は「ピヤノ」のように発音しがちなので注意しましょう）、mat、bat（こうもり、野球のバット）、ruler（定規）、globe、tomato、brush（筆）、flower（「フラワー」ではなく「フ**ラ**ウァー」のような発音になります）

A flower.

26 "I study Japanese."

『Hi, friends 1』Lesson 8 では、いろいろな教科の名称がとりあげられます。P.E. (PE) は physical education の省略した形で「(学校の) 体育」です。このように英語では省略した形が効果的に使われますが、ときどき悩ましいのが、たとえばアメリカ合衆国 (United States of America) が USA または U.S.A. と表記されるようにピリオド (period、イギリス英語では full stop と言います) がつくかどうかです。イギリス英語ではピリオドをつけない形のほうがよく用いられるようです。また、FBI (Federal Bureau of Investigation) や BBC (British Broadcasting Corporation) のようなよく知られた大きな組織や会社などにはつきません。また、FBI [éfbìːáɪ] や BBC [bíːbìːsíː] は頭文字のアルファベットをそのまま読んで発音しますが、北大西洋条約機構 (North Atlantic Treaty Organization) は NATO [néɪtoʊ] のように省略された表

記が普通の単語のように扱われ、読み方もそのスペリングに従って読まれる場合もあります。このような場合もピリオドをつけない形が普通です。

科目名の発音も確認しておきましょう。

math [mǽθ]：「算数」最後の [θ] の発音に注意。
music [mjúːzɪk]：「音楽」[zɪ] の音は下を参照。
P.E. [píːíː]：「体育」
science [sáɪəns]：「理科」
home economics [hóʊm ɛkənámɪks]：「家庭科」
social studies [sóʊʃəl stʌ́diz]：「社会」
arts and crafts [áːrts ənd krǽfts]：「図工」
calligraphy [kəlígrəfi]：「書写」「習字」

[zɪ]: "music" [mjúːzɪk]「音楽」の [zɪ] ですが、4項で、"See you" の最初の [síː] は日本語の「シー」の音ではないと説明しました。[zɪ] [ziː] はその有声音ですから、やはり「ジ」「ジー」にならないよう注意しましょう。「ジー」だと [ʤiː] で、アルファベットの "G" の発音です。きちんと区別できるようにしましょう。

27 "What would you like?"

なにになさいますか？

「何にしますか？」「何をお望みですか？」という意味で、"What do you want?"(23項)よりもていねいです。たとえば "What would you like?" — "A burger and fries, please." (「何になさいますか？」「ハンバーガーとフライドポテトをください。」) という具合です。

[wʊ]: "would" [wʊ́d] では特に最初の [w] の発音に注意が必要です。「ウッド」のように発音してしまうと「ウ」という母音で始まってしまい、[w] を発音していないことになります。日本語のワ行には「ワ」しかなくて、他にも「ウィ」「ウェ」「ウォ」と書いたりする場合がありますが、ちょっと言いにくい感じです。とくに、[ʊ] が続く場合は、子音の [w] と母音の [ʊ] は同じような音なので、連続して言おうとしてもそれぞれを言い分けられ

ず、とても発音しにくくなります。口の後ろで息をこもらせるように「ゥオド」のような感じで発音するといいでしょう。

・woman [wúmən]「女の人」：
「ウーマン」ではなく「ゥオマン」のように！
・wool [wúl]「ひつじの毛」：
「ウール」ではなく「ゥオゥ」のように！（語末の [l] の発音については 10 項と 13 項でふれました。51 項でくわしく説明します。）

"would you":

"would" [wúd] の最後の [d] と "you" [júː] の最初の [j] は連結されて [dj] または、[ʤ] のようになります。（→ 3 項）つまり「ゥオド、ユー」のように単語ごとにきりはなすのではなく、「ゥオジュ」のように発音します。

My raincoat.

28 "I'd like a green salad."

お散歩中に道ばたの雑草をついパクリ…ダメですよ。

丁寧に"I'd like 〜 ."を使うことを学びます。通常の会話では"I would like 〜 ."の縮約形の"I'd like 〜 ."をよく使います。「〜をください。」と言うときには、しばしば簡単に"〜 , please."や"Give me 〜 , please."と言います。"I would like 〜 ."を疑問文にして"Would you like 〜 ?"と尋ねると、「〜はいかがですか？」と相手にものを勧めるときの言い方になります。

"For here or to go?" "For here, please."(「こちらでお召し上がりですか？お持ち帰りですか？」「ここで食べます。」）とか、飲み物について"Small, medium, or large?" "Small, please."(「小中大のどれになさいますか？」「小をください。」）といった定番の表現を加えて実際のシーンに近づけてみても良いでしょう。

㉙ **My knees**

わたしの ひざ
なにか？

柴犬のおすわりは、ときどき変な格好になります（笑）。

29項から31項で"knees"、"mouth"、"eyes"、"ears"について見ておきます。いずれも定番の歌"Head, shoulders, knees, and toes"に登場します。31項までで、発音の注意すべきポイントをひととおりカバーできています。

ひざ、knee [níː] の音は日本語の「に」とは異なります。「なにぬねの」と発音すると、「に」のときは舌の真ん中から後ろあたりが口の中の上（硬口蓋と言われる部分）にべたっとくっつきます。（「にゃ」「にゅ」「にょ」と言うときと同じ感じですね。）それに対して、「な」「ぬ」「ね」「の」の音のときは舌先だけが歯茎にくっつきます。英語の [níː] も舌先だけを上の前歯の裏側に密着させますので、英語の [níː] は「ニー」ではなく、「ヌィー」といった感じに近い発音になります。

30 My mouth

お散歩中の拾い食いを飼い主に見つかると「え？何も食べてませんてば。」と言わんばかりにしらばっくれてグッと口を閉じます。逆に、何かをかじったり吠えたりするときは、よくこれほど開くものだと感心するくらい大きく口を開けてみせてくれます。

さて、この mouth [máʊθ]「口」の最後の [θ] については18項で触れましたが、とても発音しにくいもののひとつです。「マウスピース」などと言うので「マウス」のように発音しがちですが、それだと "mouse" [máʊs] で「ねずみ」です。[θ] は舌先を上の前歯の先端にくっつけて発音するので、その瞬間は息を抜きにくいものです。[θ] が最後に来ると、口のなかで空気がつまったようになるので、とても発音しにくいのです。

悩ましいのは、複数形で"-s"がついて"-ths"となった場合です。表題の"mouth"であれば"mouths" [máʊθs] で、[θs] という言いにくい連続ができます。有声音になった [máʊðz] という発音もありますが、[ðz] も発音するのが難しい音です。英語の話者でも言いにくいらしく、[ð] を落とした [máʊz] という発音もあります。[θs] [ðz] を避ける言い方は、他に次のようなものがあります。

・months [mʌ́nθs]（month「1 ヶ月」の複数形）
　　→ [mʌ́nts] または [mʌ́ns]

・clothes [klóʊðz]（「衣服」。複数形扱いです）
　　→ [klóʊz]

なお、「歯」"tooth" [túːθ] の複数形は "teeth" [tíːθ] ですので、このような苦労はありません。

Can you fly?

31 My eyes and ears

柴犬さんの目と耳は、「口ほどにものを言い」ます。じっと見つめられたり、耳を倒されたりして甘えたそぶりを見せられるともうメロメロ…

"eye" の発音の [aɪ] は、1項の [oʊ]、2項の [eɪ] と同じ二重母音ですが、その発音はさほど難しいものではないでしょう。ただ、「ア」と「イ」が対等に並んでいるというよりは後ろの母音は先行する母音に添えられている感じです。歌の「アイアイ」でも「ア・イ・ア・イ」とは歌ってませんよね。日本語で「愛情（あいじょう）」「話し合い（はなしあい）」などという場合は「ア」と「イ」はほぼ同じ長さですが、"eye" "I"（どちらも [áɪ]）は [a] の方が長くて「**アー**ィ」のようになります。

さて、"ear" [íɚ] と "year" [jíɚ]「年」の違いも定番としてあちらこちらで説明されています。この "year" のよう

に [j] の音の入る発音は、ときに日本語話者にとって難しいことがあります。[j] は 3 項で扱いましたが、日本語のヤ行の子音です。でも、日本語ではヤ行は「ヤ」「ユ」「ヨ」の 3 つしかありませんので、たとえば「エ」が続く場合、[je] を「イェ」と書いて、それらしく発音しようとしますが、言いにくくて「イエ」のような 2 つの音になってしまいがちです。「黄色」の "yellow" [jélou] が「イェロウ」ではなく「イエロー」になっていませんか？ "year" [jíɚ] の [jɪ] はもっと言いにくいかもしれません。[j] の音が欠落して「イヤー」となると "ear" [íɚ]（耳）と勘違いされてしまいます。[j] が子音であることを意識して「ィイヤー」もしくは「ィイアー」のように発音しましょう。"ear" [íɚ] の [í] は日本語の「イ」よりも口をもう少し左右に開いて発音します。最初に「ッ」があるつもりで「(ッ) イヤー」と発音するとよいと説明されることもあります。

24 項では、"the" の発音のバリエーションについて説明しましたが、"the year" は "year" が子音で始まっているので [ðə jíɚ] となり、"the ear" は "ear" が母音で始まっているので [ðɪ íɚ] となりますから、ちゃんと区別があります。

32 "Do you have an ace?" "No, I don't."

ワンちゃんときたらとにかくこちらが困るものを取っていく名人です。靴下やハンカチの洗濯物を落としたりすると追いかけっこの始まりです。

さて、『Hi, friends! 1』では "The 'A' card, please." という表現が登場していましたが、『Hi, friends! 2』Lesson 1 では疑問文の形として "Do you have 'a'?"(「a」をもっていますか)が登場します。本書でのカルタの絵はトランプの「エースのカード」という状況ですので、"an ace" となり、下線部の音は連結します。この場合 [n] の音がありますから舌先を歯茎につけてナ行を発するように発音するのでしたね。「アネィス」みたいにひとまとまりにして発音します。太字はアクセントのある部分です。13 項の解説を思い出してください。

"Do you have 〜 ?" は次のようなお店での買い物の場面

を想定した練習などでも定番です。

"Can I help you?"「いらっしゃいませ。」
"Do you have T-shirts?"「T シャツはありますか？」
"Yes, we do.　Over there."
「はい。あちらにございます。」

もちろん have という動詞は「持っている」という意味でも用いられますが、ここでは日本語の「ある／なし」に相当する意味合いです。「持っている」の意味ではない "have" には下のような例があります。

食べる：

　We had lunch at a restaurant today.
　「私たちは今日レストランでお昼ごはんを食べた。」
過ごす：

　Have a nice day!
　「よい一日を過ごしてね。（行ってらっしゃい。）」
飼う：

　Sayaka has a little cat.
　「さやかは小さい猫を飼っています。」

Have a break!

33 Thirty penguins

13 と 30 は似ていますが、英語の 20 から 90 までと 13 から 19 までの言いかたを比べてみましょう。たとえば「サー**ティー**ン」と「**サー**ティ」で強弱のリズムが異なります。

(20 **twen**ty)
30 **thir**ty　　　　13 thir**teen**
40 **for**ty　　　　14 four**teen**
50 **fif**ty　　　　15 fif**teen**
60 **six**ty　　　　16 six**teen**
70 **se**venty　　　17 seven**teen**
80 **eigh**ty　　　　18 eigh**teen**
90 **nine**ty　　　　19 nine**teen**

"30" の "thirty" と "13" の "thirteen" は、大胆にいうと、"30" の音の最後に「ン」をつければ "13" になるとい

う感じです。でも実際には単語の最後の「ン」(つまり [n])の有無はとても聞き取りにくく、それだけでは聞き取るときも発音するときもうまく区別できません。上の対比の中で太字で示したように、アクセントの場所が 30 〜 90 の方は前に、13 〜 19 の方は後ろにあります。この区別は聞き取りや発音にとても役立ちます。("teen" がつくのは 13 〜 19 ですから、「ティーンエージャー」(teenager) は 13 歳から 19 歳までの少年少女のことです。)

100 / one hundred (あるいは a hundred と読むこともしばしばです) の発音も気をつけましょう。one の語尾の [n] は日本語の「ン」と違う音でした。(舌先が歯茎にくっついていますか？) その結果できる「ヌ」のような余韻を出しつつ、さらに hundred [hʌ́ndrəd] の音に移ります。[dr] については、[dʒ] /「ジュ」音に近く発音されますので、強いて書けば「**ハンヂュエッ**」といった感じです。

ペンギン (penguin [péŋgwɪn]) の発音では、アクセントのある母音の前が [p] で始まる場合についての解説 (19項) を思い出してください。"guin" の部分も [w] の音を落とさないよう注意して「グウィン」のようにします (→ 10 項、11 項、16 項、27 項)。

34 d-o-g, dog

大文字の箱の中の赤柴さん、黒柴さん、白柴さん、小文字の中の子犬とうまくつながってますでしょうか？小文字は英語で small letter（あるいは lower-case letter）といいます。

『Hi, friends! 2』の Lesson 1 は英単語のつづりを指導するのが目的ではなく、アルファベットの小文字に親しませることがねらいとされています。なお、「つづり」に対応する英語の名詞は "spelling" です。（この意味での「スペル」は和製英語。）

その実例として、『Hi, friends! 2』の pp. 4-5 には次のような単語が出ています。（大文字と小文字の表記はそこに出ているまま引用しています。）

ON OFF, Telephone, juice, Flower Street, Game, BUS

Stop, Bookstore, TAXI, ice cream, NEWS, Donut Shop, POST, Sale, popcorn, AM PM, Restaurant, Exit, UP DOWN, Police, STOP, Flower, Coffee Shop

また、"Restaurant"の看板などで"OPEN/CLOSED"もあります(「店が閉まっている」という意味では"close"ではなく"closed"となります)。

かなりのものがカタカナ英語として定着していてよく目にするものです。ところで、たとえばカタカナの「ニュース」と違い英語の"news" [n(j)úːz] は最後が濁る音(「ス」ではなく「ズ」)になりますから注意が必要です。母音のあとの -s は、普通は濁る音(有声音)になります。アメリカ大リーグの"Yankees"も音楽の"the blues"も下線部の音は [z] なので、本当は「ヤンキース」「ブルース」じゃなくて「ヤンキーズ」「ブルーズ」です。ただし、"newspaper" [n(j)úːzpèɪpɚ] は -s([z] の音)が後続する濁らない音の [p] の影響を受けて [n(j)úːs-] というように [s] として発音されることもあります。

㉟ "When is your birthday?"

『Hi, friends! 2』Lesson 2 では、いろいろな国の行事や月の言い方について触れます。

「誕生日」"birthday" [bˈɚː θdèɪ] については次の2つのポイントに注意しましょう。

[ɚː]: この音を日本語の「バースデイ」と同じに発音すると、英語圏の人には通じません。14項で詳しく解説しましたが、ため息をつくときの「ダラーッ」としたときに出す音です。しかし、上の発音記号のように、アクセント [ˈ] がある音なので強く発音しないといけません。意外に難しいものです。それから、r 音化の [ɚ] は難しいので、無理に巻き舌のようにしなくても [əː] で大丈夫です。[bˈəː θdèɪ] のように r 音化がなければイギリス式の発音になります。

[θ]: 　これも 18 項や 30 項などですでに説明しました。舌先を上の前歯の先端にくっつけて発音します。上下の歯で舌を嚙むことはありません。

絵の中の「2 月 20 日」、英語では "February (the) twentieth" [fébjuèri ðə twéntɪəθ] ですが、英語での発音はなかなか大変です。"February" は月の名前の中で日本語話者には発音が一番難しいかもしれません。カタカナで「フェブラリー」と表記したくなるところですが、実際には「**フェ**ブエリィ」[fébjuèri] という感じになります。あるいは February の下線部の r の音を入れて「**フェ**ブルゥエリ」[fébruèri] とも発音します。「〇月△日」の「△日」の部分は序数となりますので、二十日なら "twentieth" [twéntɪəθ] ですが（その前の the は省略できます）、まず "twenty" についての 11 項の解説を思い出しましょう。さらに語尾にあいまい母音 [ə]（→ 14 項）と [θ]（→ 18 項）が入ります。強いて表記するなら「トゥ**エ**ンティアス」あるいは「トゥ**エ**ニェス」（→ 11 項）といった感じです。

36 "My birthday is July fourth."

ボストン・テリア (Boston Terrier) はその名の示す通りアメリカ合衆国原産の小型犬です。その特徴的な白黒模様は、まるでタキシードを着た紳士のようだといわれます。

さて絵の中のボストン・テリア君、「誕生日が7月4日」とちょっと誇らしげなのは、「7月4日」がアメリカの独立記念日でもあるからでしょう。アメリカ式の語順は "July 4" で July (the) fourth と読み、イギリス式だと "4 July" で the fourth of July と読みます。

ここでは、fourth やそれによく似た単語の発音の区別に注意しましょう。

fourth「(月の) 4日、第4 (の)」[fɔ́ːrθ | fɔ́ːθ]
 (forth「前へ」「先へ」も同じ発音です)

force「力、強さ」[fɔ́ɚs | fɔ́ːs]

horse「馬」[hɔ́ɚs | hɔ́ːs]

（「（水をまく）ホース」は "hose" [hóʊz] で二重母音です。最後は有声音の [z] です。）

I'm from Japan.

37 "Can you swim?" "Yes, I can."

きみは およげるの？
ええ、できましてよ

「〜できる」という意味を付け加える助動詞 "can" は弱く短く発音します。母音がないかのように発声することもあります。

I can swim.　[áɪk(ə)nswím]
● ・ ●

「あなたは〜できますか」と尋ねるときは "can" を最初に出しますが、発音するときには、その "can" の語尾の [n] と次の "you" の語頭の音 [j] が連結されて「ニュー」という音になり、リズム的には "can" のほうが "you" より強くなります。

Can ⌢ you swim?　—Yes, I can.　—No, I can't.
●　・　●　　　　　●・●　　　　●・●

"Yes, I can." と "No, I can't." は同じリズムです。なお、スポーツで "play 〜" は球技に使われますし、水泳やスキーは動詞の "swim" や "ski" を使います。

㊳ Cooking

おりょうり
ママさんじょうず

「クック」や「クッキング」というカタカナ英語の発音にならないよう注意しましょう。

"cook" は基本的に炒めたり煮たりして料理することを意味しますので、"stew" [st(j)úː]「シチュー」や "steak" [stéɪk]「ステーキ」といった料理名とか、"potato" [pətéɪtoʊ]「じゃがいも」や "fish" [fíʃ]「魚」、"chicken" [tʃíkən]「鶏肉」といった材料名が後に続きます。材料をパンにはさんで作る "sandwich" [sǽn(d)wìtʃ]「サンドイッチ」や生野菜で作る "salad" [sǽləd]「サラダ」は "cooking" には合いません。"sandwich" や "salad" には "make"「作る」という一般的な動詞が使えますし、食事全体を表す語（"meal" や "lunch" など）には "prepare"「準備する」という動詞を使うこともあります。

39 "Who am I?"

ドアの向こうで「中に入れて」とせがんでいるのはだあれ？

『Hi, friends! 2』Lesson 3 "I can swim." の単元では、「Who am I? クイズ」が「〜ができる」と自分を紹介する練習の中の一例として登場します。"I can 〜." "I can't 〜." "Who am I?" "I am 〜." といった発話があります。

「Who am I? クイズ」は次のような形式で行うこともできます。(ペンギン役のBさんにAさんCさんDさんが質問をしてBさんが何かを当てます。ヒントになるように答えを含めた数枚の絵カードを見せるなどの工夫をして、答えを当てるだけでなく質問文を発話できると楽しい活動になります。)

A	:	"Are you a bird?"
B	:	"Yes, I am."
C	:	"Can you fly?"
B	:	"No, I can't."
D	:	"Can you swim?"
B	:	"Yes, I can.　Who am I?"
A, C, D	:	"You're a penguin."

I can swim.

40 "Can you play the piano?" "No, I can't."

ピアノひける?
いえ、ひけません

ピアノを弾けない白柴さん、ピアノの脚をリズミカルにかじっています。

『Hi, friends! 2』では楽器名の前に the がついた "play the piano" が登場します。

"I can swim." というとき、通常 "can" の部分は弱く短く発音します。ところが「〜できない」という意味で "I can't (=can not)〜." というときの can't は強くはっきり発音します。リズムは次のようになります。

 I can swim. / I can't swim.

● ● ●　　　● ●　　●(または●)

"can't" [kǽnt | kάːnt] の [t] 音は弱いので、can't は強く母音もはっきりと発音される点が、弱く短く発音される can との聞き分けのポイントとして有効です。

41 "Where is the station?"

えきは どちらですかな？

疑問詞の "where" を用いて「〜はどこにいるの／あるの」と尋ねる言い方です。日本語だと「(人が) いる」と「(ものが) ある」と使い分けますが英語は "Where is/are 〜?" で同じです。

"where" [(h)wéɚ] の出だしの [hw] の音の難しさや、実際には [w] の音になることが多いことは23項で見ました。「ホエア」といった発音にならないよう注意しましょう。

日常的によく出てくる表現として "Where are we?" があります。電車に乗っていて乗り過ごしてしまい「ここはどこ？」と周りの人に尋ねるときはこう言います。("Where am I?" ではありません。) 地図をみながら "Where are we?"「私たちはいまどこにいるのかしら？」"We're here."「(地図上の地点を指しながら) ここだよ」といった会話の練習もやってみたいものです。

42 "Go straight and turn left."

『Hi, friends! 2』Lesson 4 に道案内の表現が登場します。

"right" [ráɪt] は [r]、"left" [léft] は [l] で始まります。[r] は舌を歯茎の後ろにくっつけてしまわない、[l] は舌先をべたっとくっつける、でした。

"straight" [stréɪt] は [str] という3つの子音が連続します（→ 52 項）。二重母音 [éɪ] にも注意しましょう。

"turn" [tˈɚːn] の発音にある [ɚ] や [ə] は 14 項で説明しました。地図をみながら "Go straight." などの命令文を使って指示するときには「（今来た道を）戻って！」"Turn back!" も便利な表現です。また、道順だけでなく、「あそこだよ」という意味の "Over there." といった表現にも親しんでおきたいところです。

43 A hospital

どうぶつ
びょういん

いえ べつに
へいきですけどね

『Hi, friends! 2』Lesson 4 には駅や病院など様々な場所が出てきます。「病院」"hospital" もいろいろですが、動物病院であれば "an animal hospital" です。獣医師は "an animal doctor" や "veterinarian" [vètərənéəriən]、口語では短縮形の vet [vét] です。

hospital [háspɪtl] の発音は「**ハー**スピトゥ」のようになります。アメリカ英語などで [t] の音が変化して「**ハー**スペロー」と聞こえることもあります。

station ([stéɪʃ(ə)n]「駅」) や post office ([póʊst ɔ́(ː)fəs]「郵便局」) のように下線部に二重母音がある語は、英語らしい発音になるよう注意しましょう。「エー」でなく「エィ」、「オー」ではなく「オゥ」です。なお、"fire station" ([fáɪɚ stèɪʃ(ə)n]) は消防署の建物です。

44 "I want to go to France."

この白柴さんは、ちょっとお高いフランス製のドッグフードが大好きなのですね。

自分の希望や意志を伝えるための表現はコミュニケーションにおいてとても重要です。ただし、23項でも述べた通り、"What do you want?" とか "I want 〜ˮ というとぶっきらぼうだとか丁寧ではないという印象を与えかねません。たとえば「〜をください。」という状況であれば "I'd like some 〜 ." の方が自然な表現です。27項 "What would you like?" や28項 "I'd like a green salad." の解説も思い出してください。

"want to" の部分は、単語ごと別々に発音すると [wɑ́(ː)nt tuː] と [t] が2回出てきますが、実際には [wɑ́(ː)ntuː]「**ウァ**ントゥ（ー）」のように一つにまとめます。

45 "Where do you want to go?"

「ドッグランに行こう」という飼い主さんの思いとはうらはらに、白柴さんは庭で穴掘りをしたいようです。

"Where do you want to go?" は『Hi, friends! 2』Lesson 5 に出てきます。この構文を学ぶための前段階の準備として、"Do you want to go to France?" といった表現を確認しておくとよいかもしれません。場所を尋ねる疑問詞 "where" はすでに "Where is the station?"（41項）として出ていますが、それ以前の既出のものも含めて関連する疑問文を見てみると次のようになっています。

『Hi, friends! 1』Lesson 4 "Do you like 〜 ?"
『Hi, friends! 1』Lesson 5 "What do you like?"
『Hi, friends! 1』Lesson 6 "What do you want?"
『Hi, friends! 2』Lesson 4 "Where is the station?"
『Hi, friends! 2』Lesson 8 "What do you want to be?"

46 "Let's go to Italy."

「～しましょう」というLet'sは特に困難はないとは思いますが、下にあげた例のように、"Italy" [ít(ə)li]（イタリア）など日本語表記と異なる国名の発音には注意しましょう。

ドイツ	Germany	[ʤɚːm(ə)ni]
ギリシャ	Greece	[gríːs]
ロシア	Russia	[rʌʃə]
エジプト	Egypt	[íːʤəpt]
インド	India	[índɪə]
中国	China	[ʧáɪnə]
韓国	Korea	[kəríːə]
オーストラリア	Australia	[ɔːstréɪljə]
ブラジル	Brazil	[brəzíl]

「イギリス」は特に注意が必要です。United Kingdom [ju(ː)náɪtəd kíŋdəm]（略語は UK [júːkéɪ]、日本語では「連合王国」）といいます。England、Wales、Scotland と Northern Ireland および付近の島々からなる王国という意味です。英国国旗 🇬🇧 (the Union Jack) は England、Scotland、そして Ireland の旗の十字を組み合わせた意匠になっています。

I'm dancing!

47 "I get up at seven."

"get up" の発音は、[gɛt ʌp] です。これまで何度も出てきましたが、2つの単語を連結して発音します。その場合、"get" の最後の [t] が "up" の最初の [ʌ] にうつって [tʌ] といっぺんにまとめられ、「ゲ**タ**プ」のようになるのでしたが、[gɛtʌp] のように [t] が母音にはさまれて出てくると、アメリカ英語では「ゲ**ラ**プ」のようになります。日本語のラ行とほぼ同じ音ですから、日本人には楽な発音かもしれません。"Shut up!"「黙って！」というのも [ʃʌtʌp] よりは、[ʃʌɾʌp]（[ɾ] が日本語のラ行の子音）となりますから、カタカナではよく「シャラップ！」と表記されます。前項に出てきた "Italy" も「**イ**ラリー」となることがあります。43項の hospital もこの一例です。

I'm ready!

㊽ "What time do you go to bed?"

ベッドに入っておやすみなさいのポーズの白柴さんです。

『Hi, friends! 2』Lesson 6 では "What time is it?" "It's 〜 ." といった時刻を尋ねるやり取りのいろいろな表現が登場します。見出しの英文には7語もあり児童にとっては結構たいへんです。また、"It's eleven fifteen." "It's ten forty-five." "It's six twenty-two." といった例文の聞き取りが出てきますので、時刻の言い方や1から60までの数字に慣れるための活動が必要になる単元です。

"time" の [t] の発音を思いだしましょう。[t] の発音のあとに息がぬける、気息音という音でした (→ 19 項)。発音記号では [tʰáɪm] と表記されます。

Working!

49 Breakfast, dinner

dinner [dínɚ] は夕食や昼食のことで、正確には、一日のうちで最も手間をかけるメインの食事です。たとえば、伝統的なクリスマスの「昼食」は Christmas dinner です。supper [sʌ́pɚ] は軽い夕食（昼食が dinner の場合）、または夜食です。

日本語の「朝」「夕方」「晩」と英語の "morning" "evening" には微妙なずれがあります。"morning" は「日の出から正午（または昼食）まで」ですが、「午前 0 時から正午まで」という用法もあります。"evening" は日没や一日の仕事の終わりから就寝時までというのが原義ですので、「夕方」のこともあれば「晩」にまで及ぶこともあり「こんばんは」は "Good evening." となります。"night" は "evening" の後の時間帯を指すのが日常的な使い方です（広義には day に対して日没から夜明けまで）。

50 "Take care."
"See you soon."

絵のなかの会話のような、「いってらっしゃい!」—「いってきます!」に当たる英語表現はありません。"Take care." は「気をつける」という意味の "take care" が別れるときのあいさつとして「じゃあね」というくらいの感覚で用いられます。"Take care." "You, too." というように、あいさつを返すのも大事です。「それじゃあね」と別れるときのあいさつとして、他にも "Have a nice day!"(「今日一日を楽しくね。」くらいの感覚)とか、これから旅行に行く人には "Have a nice trip!"(直訳だと「よい旅を」)が便利です。

"See you soon."(「じゃあ、また」)と言って出発した桃太郎が無事に戻っておじいさんおばあさんに "I'm home."(「ただいま」)と言えるのはいつのことでしょう。白柴さんも穴を掘ってないで、さあ行ってらっしゃい!

51 "A little boy!"

"little" [lítl] は「リトル」となってしまわないよう意識して発音練習しましょう。語頭の "l"（エル）は１項で見た通りです。舌先をぺたんと前歯の後ろの歯茎の部分にくっつけるのでしたね。次に [t] に続く [l] の発音ですが、舌先を歯茎の部分にくっつけたまま舌の両側面から空気を逃がすようにします。舌の奥のほうの空間が少し広がってふくらみますね。そうすると母音の「ウ」に近い音（専門的には "dark l" ／「暗いエル」と呼ばれる音）になります。10 項と 13 項の解説も思い出してください。これで「**リトォ**」というような発音になりますが、アメリカ英語では [t] の音が [d] や [l] の音に近い音になり「**リロォ**」のように聞こえます。

「小さい」を表す "little" と "small" ですが、人について用いた場合には "a small boy" は客観的に小柄でという感

じで、"a little boy" はちっちゃな、かわいらしいという主観的な感じです。「年齢が低い」の意味にもなります。ハンバーガー・ショップなどで飲み物の大きさは、普通 "small/medium/large" が使われます (→ 28 項)。

Time to go.

52 "I'm strong and brave."

強くて勇敢な白柴さんに桃太郎（後ろ姿）も驚いています。『Hi, friends! 2』Lesson 7 ではこの "strong and brave" が繰り返し登場します。"strong" の基本語義は「力が強い」ということです。また、"brave" は「勇敢な」という一般的な語ですが、特に「危険や困難を恐れずに行動するという」のが主要な意味合いです。

strong [strɔ́(ː)ŋ] は、最初に [str] というふうに3つも子音が連続しています。これは42項の "straight" でも説明しましたが、日本人にはとても発音しづらく、[s] と [t] の間にも、[t] と [r] の間にも母音を入れてしまい、「ストロング」みたいに発音してしまいます。カタカナ語ではそれでいいのですが、英語の発音としては全然ダメです。カタカナ語をローマ字で書いて英語の発音記号の表記と比べると違いがよくわかります。語末も日本語だと「グ（gu）」

ではないと発音できないため、余計なuが入ってしまいます。

　　s　t　rɔ́ː　ŋ　　　　（英語の発音）
　　s**u**t**o**r**ó**ng**u**　　（日本語の発音）

"stress"と「ストレス」でも同じように、カタカナ語には余計な母音がいっぱい入っています。それどころか、もともとなかったところに入れた母音のところに、「ス**ト**レス」のようにアクセントがある発音は、聞かされる方には「ストレス」がたまってしまうかもしれませんね。

　　s　t　rés　　　　　（英語の発音）
　　s**u**t**ó**res**u**　　　（日本語の発音）

No stress. Relax.

53 "What do you want to be?"

おやおや、白柴さんは自分のことをペットだと思っていないようですね。

"what" と "do" や "want" と "to" の音の連結に注意しましょう。[t] と [t/d] が連続すると、先行する [t] が省略されます。"what ⌒ do" [wát du:] は [wádu:]、"want ⌒ to" [wánt tu:] は [wántu:] となります（→ 44 項）。

"want to 〜" は、音韻的な結びつきが強すぎて、口語で "wanna" [wánə] になります。でも、他の部分の発音がたどたどしいのに、ここだけこなれて "I wanna be a teacher." などと言うとおかしな感じに聞こえてしまうので注意しましょう。他にも、"gonna" [gánə] (< going to)、"gotta" [gátə] (got to) などがありますが、これもこなれた言い方です。"I've gotta go!" (=I have got to go!)（「行

かなくっちゃ!」)というのは映画やドラマなどでもよく出てくる表現ですね。

I want to be a movie star.

54 "I want to be a singer."

かしゅに なりたいの

きみが うたうのかい？

白柴さんの歌声には携帯音楽プレーヤーも困惑の様子です。

singer [síŋɚ] にある [ŋ] の発音について見ておきましょう。たとえば、英語で動詞の"～ing"形のとき、ついカタカナ語の「ウォーキング」「ランニング」などの影響で「〜イング (i-n-gu)」と最後に母音をつけて発音してしまいがちですが、[k] や [g] の発音をするつもりで口や舌をかまえ、鼻に抜くと正しい [ŋ] になります。日本語では、「鼻濁音」とも呼ばれており、「カ°」のように表記されることもあります。鼻濁音（カ°）については5項および18項で触れています。英語では音節の最後の子音になるのが普通で、次に母音が続くと普通は "finger" [fíŋgɚ]「指」のように [g] が入ります。この場合は「フィンガー」のように「ガ行」が聞こえていいのですが、動詞に -er がついてできた名詞には [g] の音が入りません。したがって "singer" [síŋɚ] に

は [g] の音が入っていないのです。ですから、カタカナ語のように「ス**ィ**ンガー」と読むと、実際にはない [g] を発音してしまっていることになります。「**スィンガ゜ー**」というような感じで発音してみてください。極端に言えば、「**スィンナー**」に近いととらえておくのがよいかもしれません。

他の単語でも確認してみましょう。洋服をかける "hanger"「ハンガー」は「〜をかける、つるす」という意味の動詞 hang [hǽŋ] に -er がついてできた形ですから発音は [hǽŋɚ] となり [g] の音が入りません。いっぽう、「長い」という意味の形容詞 "long" [lɔ́(ː)ŋ] の比較級 "longer" と最上級 "longest" は動詞の変化形や派生語ではないので、[ŋ] の次に [g] が入ってそれぞれ [lɔ́(ː)ŋgɚ]、[lɔ́(ː)ŋgəst] となります。

The postwoman.

55 My dentist

わたしの はいしゃさん
きれいに みがいてね

『Hi, friends! 2』最後のLesson 8では職業を表す語がとりあげられています。

日本語では「お医者さん」とか「歯医者さん」と言いますが、英語では、病院にいるのが"doctor" [dáktɚ] で、歯科医が"dentist" [déntəst] というように、全く違った単語です。けれども、呼びかける時にはどちらも"Doctor"（くだけた言い方では"Doc" [dák]）を使います。語源的には"dent-"が「歯」を表します。「たんぽぽ」は英語では"dandelion" [dǽndəlàɪən] です。これはフランス語でダン・ド・リオン（dent-de-lion）、つまり「ライオンの歯」と言うのに由来します。タンポポの葉の形がライオンの歯に似てるのだとか。

『Hi, friends! 2』Lesson 8に出てくる職業を表す語の発音を見ておきましょう。「(～する) 人」という言い方を形成

する語尾は、-ist 以外にもいろいろあります。

-ist: florist [fló(ː)rɪst]「花屋」

　　　artist [άɚtəst]「画家・芸術家」

-er (-or のつく単語もあります):

　　　teacher [tíːtʃɚ]「先生」

　　　singer [síŋɚ]「歌手」

　　　baker [béɪkɚ]「パン屋」

　　　farmer [fάɚmɚ]「農場経営者・農家の人」

　　　zoo keeper [zúː kìːpɚ]「動物園の飼育係」

　　　fire fighter [fáɪɚ fàɪtɚ]「消防士」

　　　soccer player [sákɚ plèɪɚ]「サッカーの選手」

　　　bus driver [bʌ́s dràɪvɚ]「バスの運転手」

-an/-ian (-ean のつく単語もあります):

　　　comedian [kəmíːdɪən]「コメディアン」

　　　veterinarian [vètərənéərən]「獣医」(=vet [vét])

　　　musician [mjuːzíʃən]「ミュージシャン」

　　　(アクセントの位置に注意しましょう)

-ant (-ent のつく単語もあります):

　　　cabin attendant [kǽbən ətèndənt]「客室乗務員」

その他:

　　　cook [kúk]「コック」

あとがきにかえて

本書では iPad アプリケーション『白柴さくらのえいごカルタ』に出てくるカルタと英語表現に関する解説を述べてきましたが、あとがきにかえてこのアプリについて簡単に紹介しておきます。

　iPad 上で遊ぶ場合には4人までで使います。まず画面の4隅のどれを自分のコーナーにするか決めます。アプリを立ち上げてゲームをスタートすると、カルタの中からランダムに選ばれた9枚が出てくるので、それに続いて流れる音声がどのカルタの英語表現かを聞き取ってカルタを自分のコーナーにドラッグしてくるというゲームです。

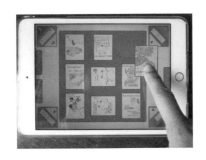

どのカルタを使うかは学校での学習進度に従って設定することができます。

また、下のような紙のカルタを用意すると大勢でゲームすることができます。

この場合は、管理者モードの画面（下の画像）からカルタを選んでその音声を流すことができます。

iPadにはスピーカーも接続できますから、紙のカルタを何セットか用意すれば、広い教室でも児童がいっせいにカルタで遊ぶことができます。カルタの絵や使い方の解説はhttp://sakurakaruta.com にありますし、自分たちで絵を描いたカルタを自作して使ってみても楽しい活動になるこ

あとがきにかえて

とでしょう。

　このアプリは、一般のiPadアプリケーションと同様にApp Storeからダウンロードできます（無料）。iPadからApp Storeで「えいごカルタ」と検索するとすぐに見つかります。

　最後に、これまでご協力いただいた以下の皆様にお礼申し上げます。私たちの小学校英語プロジェクト立ち上げに協力してくださった山口達也先生、本書およびアプリ制作を手伝ってくださった掛江朋子先生、中村由佳さん、Elena McAulayさん、Nerida Randさん、ほんとうにありがとうございました。アプリ制作は株式会社ディレクトリーズさんにお世話になりました。佐野正之先生（横浜国立大学名誉教授）と坂田俊策先生（横浜国立大学名誉教授）にはこれまで多くの助言をいただきました。そして、本書は中村　捷先生（東北大学名誉教授）のはげましとお力添えのおかげで形にすることができました。ここに記して感謝申し上げます。私たちの小さな試みを世に出してくださった開拓社の川田　賢さん、ほんとうにありがとうございました。

　なお、本書は平成22年度〜24年度科学研究費補助金（基盤研究（B）課題番号22320100）による援助を受けた研究の成果の一部を含んでいます。

iPadなしでカルタを楽しむ

最後までお読みいただきありがとうございました。

本書には紙のカルタが付属しておりますので、下記の開拓社サイトから音声をダウンロードしていただければiPadを使わなくても「えいごカルタ」を楽しむことができます。カルタを取ることばかりではなく、児童が自分で英語を読み上げることができるようになれば理想的ですね。

また、「はじめに」でも述べましたように、カルタの絵を自作してみるのも楽しいものです。『えいごカルタ』の絵は(最終的に使用しなかったものも含めて) http://sakurakaruta.com にありますので参考にしてみてください。また、学校で利用される場合には、普通のカルタ遊びのときと同じようにカルタを広げて取るという使い方はもちろんですが、人数や時間などを考慮して、たとえば小学校の百人一首遊びでおなじみの「源平戦」形式(相手側と自分側に同じ枚数のカルタを並べ、相手の側にあるカルタを取ったら自分の側のカルタの中から1枚相手に与え、先に手元のカルタがなくなったほうが勝ち)でやってみるのもよいと思います。

開拓社　音声ダウンロード先URL：
http://www.kaitakusha.co.jp/book/book.php?c=8031

なお、本書付属の「カルタ」は分売も行っております。詳しくは、開拓社営業部宛てにお問い合せください。

著者紹介

中村良夫（なかむら・よしお）
　横浜国立大学国際社会科学研究院教授（英語学）

高橋邦年（たかはし・くにとし）
　横浜国立大学教育人間科学部教授（英語学）

Alexander McAulay（あれくさんだー・まっこーれー）
　横浜国立大学国際社会科学研究院教授（英語教育）

桑本裕二（くわもと・ゆうじ）
　秋田工業高等専門学校准教授（言語学）

小学校英語の発音と指導
―iPad アプリ「白柴さくらのえいごカルタ」読本―

2015 年 11 月 19 日　第 1 版第 1 刷発行

著作者	中村良夫・高橋邦年・Alexander McAulay・桑本裕二
発行者	武村哲司
印刷所	萩原印刷株式会社

発行所	株式会社　開拓社	〒113-0023　東京都文京区向丘 1-5-2 電話　（03）5842-8900（代表） 振替　00160-8-39587 http://www.kaitakusha.co.jp

© 2015 Y. Nakamura et al.　　　　　　　　　ISBN978-4-7589-8031-9　C0082

JCOPY ＜(社)出版者著作権管理機構　委託出版物＞

本書の無断複写は著作権法上での例外を除き禁じられています。複写される場合は、そのつど事前に、(社) 出版者著作権管理機構（電話 03-3513-6969、FAX 03-3513-6979、e-mail: info@jcopy.or.jp）の許諾を得てください。